Liebe Eltern,

jedes Kind ist anders. Eines kennt bereits alle Buchstaben in der Vorschule und kann sie zu Worten formen. Ein anderes lernt das ABC beim Eintritt in die Schule. Für das spätere Leseverhalten ist das völlig unerheblich. Wichtig aber ist der Spaß am Lesen – und zwar von Anfang an. Darum muss sich die konzeptionelle Entwicklung von Lesetexten an den besonderen Lernentwicklungen des einzelnen Kindes orientieren.

Wir haben deshalb für unser Bücherbär-Erstleseprogramm verschiedene Reihen für die Vorschule und die ersten beiden Schulklassen entwickelt. Sie bauen aufeinander auf und holen die unterschiedlich entwickelten Kinder dort ab, wo sie sind. So wird der Lernprozess auch für den fortgeschrittenen Erstleser leichter und die Freude am Lesen hält ein Leben lang.

Die Bücherbär-Reihe *Lesesafari* richtet sich in der Regel an Leseanfänger in der 2. Klasse.

Volkmar Röhrig
Abenteuergeschichten

Dieses Buch gehört:

_____

Volkmar Röhrig,
geboren 1952 in Lützen, studierte Germanistik und Kulturwissenschaft,
arbeitete u. a. als Hörspieldramaturg, Regieassistent und Lektor.
Heute leitet er seine eigene PR-Agentur und schreibt
erfolgreiche Hörspiele sowie Kinder- und Jugendbücher.
Er lebt in Leipzig und Mainstockheim.

Gabi Selbach
wurde 1964 in Troisdorf geboren. Sie studierte Grafik-Design in Köln
und illustriert seit mehreren Jahren Kinderbücher und Kalender.
Außerdem zeichnet sie Bildergeschichten für
„Die Sendung mit der Maus".

MIX
Papier aus verantwor-
tungsvollen Quellen
FSC® C022125
FSC
www.fsc.org

4. Auflage 2011
© Arena Verlag GmbH, Würzburg 2005
Alle Rechte vorbehalten
Einband- und Innenillustration: Gabi Selbach
Gesamtherstellung: Westermann Druck Zwickau GmbH
ISBN 978-3-401-70049-6
***
www.arena-verlag.de

Volkmar Röhrig

Abenteuergeschichten

Mit farbigen Bildern von Gabi Selbach

Arena

Inhalt

Die Piraten-Jenny

Jenny hat grasgrüne Haare mit knallroten
Strähnchen, das Gesicht voller
Sommersprossen und einen bunten
Papagei. Der heißt Herr Meier und kann
natürlich sprechen.
Normalerweise geht Jenny in die
Piratenschule. Heute jedoch schwänzt sie.
„Ph!", mault Jenny. „Segeln, Enterhaken
werfen, Schiffe versenken, Schatzinseln
finden! Aber immer nur im Klassenzimmer
oder an der Tafel! Ich kann alles! Ich will

endlich ein Schiff! Ich will richtig segeln
und eine echte Schatzinsel finden!"
„Ich auch!", krächzt Herr Meier.
„Los!", bestimmt Jenny. „Wir gehen
zum Strand!"
Aber der Strand ist leer. Kein einziges
Piratenschiff ist zu sehen, nicht mal ein
klitzekleines.

Jenny trottet am Ufer entlang und langweilt sich schrecklich. „Wollen wir etwas spielen?", schlägt sie vor. „Vielleicht Papageienweitwurf?"

Herr Meier plustert sich auf. „Spinnst du? Mir ist vom letzten Mal noch schwindlig!"

Jenny überlegt. „Gut, dann spielen wir Indianer!"

„Nein", kreischt der Papagei und fliegt erschrocken in die Luft. „Keine Federn mehr ausreißen!"

Jenny ärgert sich. „Hau doch ab, doofer Spielverderber!", ruft sie ihm wütend nach. Herr Meier fliegt beleidigt davon und verschwindet hinter einem Felsen.

Nach wenigen Augenblicken jedoch kommt er zurück. „Jenny, Jenny!", krächzt er aufgeregt. „Hinter dem Felsen liegt ein Piratenschiff!"

Das Schiff ist auf die Klippen geraten und total zerstört. Der Rumpf aufgerissen, die Segel zerfetzt, eine Kanone liegt im Wasser. Am zerbrochenen Mast flattert eine schwarze Fahne mit weißem Totenkopf. Jenny spuckt verächtlich aus. „Das nennst du ein Schiff? Das ist Schrott!"

„Ph", sagt Herr Meier schmollend.

„Ich hab's nicht kaputt gemacht!"

Jenny klettert die Bordwand hoch.

Es ist totenstill auf dem Wrack. Nur eine
erschrockene Möwe flattert hoch.

An Deck macht Jenny eine furchtbare
Entdeckung: Überall liegen bleiche
Piratengerippe herum.

„Oh, oh, Jungs!", murmelt Jenny. „Ihr seht
aber nicht gut aus!"

Herrn Meier zittern alle Federn. „Komm, wir
verschwinden!"

„Quatsch, die tun dir nichts mehr",
sagt Jenny. „Los, wir durchsuchen
das Wrack! Vielleicht finden wir was."

Der Papagei schüttelt den Kopf. „Ich, ich
halte lieber hier oben Wache!"

Also steigt Jenny durch eine Luke alleine
in den Bauch des Schiffs.

Doch sie ist enttäuscht. Alles ist vermodert
und verfault. Im kniehohen Wasser
schwimmen Fische und Schnapsflaschen.
Zuletzt stößt sie die Tür der Kapitänskajüte
auf – und erstarrt!
Da sitzt jemand mit schwarzer Jacke
und schwarzem Hut aufrecht am Tisch.
Aus den Ärmeln der Jacke ragen links und

rechts Skelettfinger auf den Tisch.

Die eine Hand umklammert eine Pistole,

die andere einen Säbel.

„Musst du mich so erschrecken!", faucht

Jenny das Kapitänsgerippe an. Neugierig

betrachtet sie die prächtige Pistole und

den kostbaren Säbel. „Eigentlich brauchst

du die nicht mehr, oder?", meint sie

schließlich und entwindet beides den

Knochenfingern. Rummmsss!, kracht das

ganze Gerippe in sich zusammen und

unter den Tisch.

„Oh, entschuldige", sagt Jenny.

„Ich wollte dir nicht wehtun."

Gerade will sie gehen, da entdeckt sie

ein goldenes Fernrohr neben einer

Landkarte. „Papageieninsel", steht auf

der Karte. Die Insel hat einen Berg und

eine Höhle.

In die Höhle zeigt ein Pfeil, daneben steht:
„Schatz hier!"
„Wow! Eine Schatzkarte!", jubelt Jenny und
steckt sie mit dem Fernrohr unter
ihr Hemd.
Plötzlich kreischt Herr Meier aufgeregt:
„Jenny, komm hoch! Überall Piraten!"

„Weiß ich, halt den Schnabel!", ruft Jenny.
„Die sind doch alle tot!"
Nachdem sie nichts Brauchbares mehr
findet, singt sie fröhlich: „Herr Meier,
ich komme! Rate mal, was ich gefunden
habe!"
Als sie den Kopf aus der Luke steckt,
wird sie plötzlich von kräftigen Händen
nach oben gezogen. Jenny ist umringt von
fremden Piraten! Direkt neben dem Wrack
ankert ihr Schiff.
„Danke!", sagt sie überrascht. „Wer seid ihr
denn?"
„Hoho!", lachen die Piraten und halten sie
fest. Der Oberpirat hebt seinen rechten
Armstumpf. Statt der Hand hat er einen
Eisenhaken. „Ich bin die Blutige Kralle,
und das ist mein Haufen."
Jenny denkt nach.

Von der Blutigen Kralle und seinem Haufen hat sie in der Piratenschule gelernt. Die sind sehr brutal, aber auch sehr dumm.

„Aha?", meint Jenny. „Und was sucht ihr hier?"

„Hoho!", lachen die Piraten wieder.

Und Blutige Kralle sagt: „Seit sieben Jahren suche ich auf allen sieben Meeren den Schwarzen Jack. Ich will seine prächtige Pistole, den kostbaren Säbel, das goldene Fernrohr und die Schatzinselkarte! Hast du etwas davon in seiner Kajüte gefunden?"

„Leider nicht", sagt Jenny, zieht schnell den Bauch ein und versteckt ihre Hände mit dem Säbel und der Pistole auf dem Rücken.

„Du lügst!", schreit Blutige Kralle und holt mit dem Armstumpf aus.

„Stopp!", ruft Jenny. „Frauen und Kinder werden niemals geschlagen. So lautet eine Piratenregel. Oder hast du in der Piratenschule nicht aufgepasst?"

„Hä?", fragt Blutige Kralle erstaunt.

„Na klar!", erklärt Jenny. „Wer gegen Piratenregeln verstößt, den nennen alle nur noch Weichei. Willst du etwa in Zukunft Blutiges Weichei heißen? Wer hat da noch vor dir Angst?"

„Hm-hm", brummen die Piraten, und auch die Blutige Kralle brummt. Plötzlich fällt Jenny ihr Papagei ein.

„Was habt ihr mit Herrn Meier gemacht? Wisst ihr nicht, dass es auch eine Piratenregel für Papageien gibt?"

„Hä?", fragt Blutige Kralle wütend. „Willst du uns veralbern?"

„Nein!", sagt Jenny. „Denk doch mal

nach! Gehören Pudel, Meerschweine oder Elefanten auf ein ordentliches Piratenschiff?"

„Niemals!", rufen Blutige Kralle und sein Haufen.

„Genau!", sagt Jenny. „Aber Papageien!

Also: Wo ist Herr Meier? Oder soll ich euch alle Weicheier nennen?"

Blutige Kralle denkt und denkt. Das dauert bei ihm. Schließlich murmelt er zerknirscht: „Also, Weicheier – äh – Blutiger Haufen, lasst den Vogel frei!"

Einer der Piraten holt Herrn Meier aus einem Sack und löst den Strick, mit dem sein Schnabel zugebunden ist. „Du bist ein toller Wachposten!", flüstert Jenny wütend.

„So!", sagt Blutige Kralle. „Wir haben alle Piratenregeln eingehalten! Jetzt will ich den Säbel und die Pistole, die du hinter deinem Rücken versteckst!"

„Wirklich?", fragt Jenny hilflos, denn nun fällt ihr keine Ausrede mehr ein.

„Ja!", schreit Blutige Kralle. „Und das goldene Fernrohr und die Schatzkarte will ich auch!"

„Die habe ich nicht!", sagt Jenny und zieht ihren Bauch noch weiter ein.

„Fesselt sie!", schreit Blutige Kralle wütend. „Wenn sie nichts verrät, werft sie zu den Haien ins Meer! Und den Vogel in die Pfanne, ich habe Appetit auf gebratenen Papagei!"

Die Piraten fesseln Jenny. Sie guckt die Knoten an und lacht. „Könnt ihr nicht besser fesseln?" Sie bewegt ihre Arme und Beine, dreht sich dreimal im Kreis, da lösen sich die Knoten, fallen die Stricke ab.

Das hat sie in der Piratenschule gelernt.

Die Piraten wundern sich. „Besser fesseln? Wie denn?"

„Los, ich zeig's euch!", sagt Jenny, bindet einen Piraten an den Mast und erklärt.

„Das ist der Haifischknoten." Der Pirat kann sich nicht mehr rühren.

„Toll!", staunt Blutige Kralle. „Kennst du noch andere Knoten?"

„Klar!", meint Jenny. Den nächsten Piraten fesselt sie ans Ruder, den dritten an die Ankerkette, den vierten an eine Kanone.

Zuletzt bindet sie die Blutige Kralle ans
Pulverfass. „Das ist der Todesknoten",
erklärt Jenny stolz „Wenn du dich bewegst,
reibt der Strick so fest am Pulverfass, dass
es explodiert."
„Schö. . . schön", stottert Blutige Kralle,
denn er stottert immer, wenn er Angst hat.

„A. . . a. . . aber jetzt binde uns wieder los."
Doch Jenny schüttelt den Kopf. „Damit ihr
mich ins Meer werft?"

„Genau!", kreischt Herr Meier. „Und mich in
die Pfanne!"

„Da. . . da. . . das war nur Spaß!", stottert
Blutige Kralle. „Wi. . . wi. . . willst du nicht
nach Hause? Deine Eltern machen sich
bestimmt Sorgen!"

„Quatsch!", sagt Jenny. „Ich will einen
Schatz finden. Kennt jemand von euch die
Papageieninsel?"

„Klar!", kreischt Herr Meier. „Da komme ich
ja her!"

Jenny lacht. „Na los! Jetzt haben wir ein
Piratenschiff!"

Sie entern das Piratenschiff der Blutigen
Kralle. Jenny setzt die Segel und nimmt
das Ruder.

Herr Meier sitzt auf dem Mast und ruft:
„Kurs Südwest zur Papageieninsel!"

Ein paar Wochen später kommt Jenny
wieder in die Piratenschule.
Gerade erzählt die Lehrerin den
Piratenschülern, dass endlich die Bande
der Blutigen Kralle in einem seltsamen,
alten Wrack gefasst worden ist.
„Der Blutige Haufen war schon lange eine
große Schande für alle Piratenkollegen",
erklärt sie in dem Moment, als Jenny eintritt.
„Du hast den Unterricht versäumt!",
wendet sich die Lehrerin vorwurfsvoll an
Jenny.
„Aber ich habe viel gelernt", sagt Jenny
und stellt eine Kiste Gold auf den Tisch.
„Außerdem habe ich eine richtige
Schatzinsel gefunden!"

„Genau!", kreischt Herr Meier. „Und ich war dabei!"

Die erste Jagd

Im Norden Amerikas leben die Grizzlys,
die größten Bären der Welt. Ihre scharfen
Zähne und Krallen sind tödlich. Wenn sie
angreifen, laufen sie schneller als ein
Mensch. Erfahrene Indianer aber wissen,
wie man einen Bären erlegen kann.
Umas Vater ist Bärenjäger. Oft erzählt er
abenteuerliche Geschichten. Er hat auch
viele Narben am Körper, Wunden von
Bärentatzen. Trotzdem möchte Uma
einmal mit zur Jagd.
Eines Abends beraten die Jäger am Feuer.

„Wir brauchen frisches Fleisch", sagen sie.
Uma lauscht gespannt unter ihren Fellen.
Im Morgengrauen wollen sie aufbrechen.
„Darf ich mitkommen?", bittet Uma.
Aber der Vater lacht. „Du bist ein Mädchen.
Jag mit deinen Pfeilen Hasen oder Fische
im See."

In der Nacht steht Uma leise auf. Sie zieht
sich an, holt ihre Pfeile und den Bogen.
Dann kriecht sie wieder unter die Felle
und wartet.
Es ist noch dunkel, als die Jäger das Dorf
verlassen. So bemerken sie nicht,
dass ihnen jemand heimlich folgt.
Am Fluss geht die Sonne auf. Nun muss
Uma aufpassen. Die Dunkelheit verbirgt sie
nicht mehr. Sie duckt sich am Ufer ins Gras

und wartet. Nacheinander überqueren die Jäger den Fluss. Sie springen von Fels zu Fels. Dazwischen tost das Wasser. Plötzlich stolpert der letzte, fällt in die Fluten. Doch die anderen retten ihn.
Vor Schreck stockt Uma der Atem. An den Fluss hat sie nicht gedacht! Noch nie hat sie ihn allein überquert, immer nur mit dem Vater! Wer hilft ihr jetzt, wenn sie stolpert, wenn das Wasser sie mitreißt?

In der Ferne haben die Jäger fast den Wald erreicht. Uma überlegt. Soll sie nicht besser umkehren, zurück ins Dorf?
Doch sie springt hoch, läuft zum ersten Fels, hüpft auf den zweiten, den dritten. Um sie herum tost das Wasser. Aber sie springt und springt. Der letzte Stein ist glitschig.

Sie rutscht aus, rudert hilflos mit den
Armen, verliert dabei Pfeile und Bogen.
Ein Ast ragt ins Wasser. Im Fallen kann
sie ihn gerade noch umklammern und sich
daran hochziehen. So kommt sie ans Ufer.
Den Bogen und die Pfeile reißt der Fluss
mit sich fort.
Uma zittert. Ihr Herz klopft wild.
Ihre Sachen sind nass bis zum Bauch.
Die Hand blutet. Doch sie achtet nicht darauf.
Sie rennt den Jägern hinterher. Sie will
bei der Jagd mit dabei sein.
Uma erreicht den Wald. Aber die Jäger
sind längst fort. Sie haben eine Spur
entdeckt. Die ist groß und tief. Es muss ein
riesiges Tier sein, wahrscheinlich eine
Bärin. Das bedeutet Fleisch für viele
Wochen.
Uma rennt und rennt. Aber sie findet den

Vater und die anderen nicht. Hat sie sich verirrt? Ist sie im Kreis gelaufen?

Die Bäume sehen alle gleich aus. Sie war noch nie allein im Wald.

Plötzlich knackt es und faucht.

Erschrocken bleibt Uma stehen. Ist das ein Wolf oder sogar ein Bär? Was soll sie tun? Pfeile und Bogen sind weg. Soll sie schreien? Wer hört sie?

Sie duckt sich ängstlich. Da ist wieder das Knacken und Fauchen. Doch jetzt hört sie noch ein anderes Geräusch. Es klingt wie ein Kind, das leise weint. Aber ein Kind mitten im Wald?

Das Geräusch ist hinter einem Hügel. Vorsichtig schleicht sie näher und staunt: Es ist ein Bärenjunges. Hilflos tappt es vor einer Höhle umher und winselt. Es ist nicht größer als ein Hund.

Uma läuft zu ihm. Der Kleine richtet sich ängstlich auf, faucht, schlägt mit den Tatzen nach ihr, will sie beißen. Aber sie hält ihn fest, redet auf ihn ein, krault sein Fell. Es ist warm und weich.
Das Bärenjunge beruhigt sich und beschnuppert das Mädchen. Uma hat noch nie einen lebenden Bären gesehen. Staunend betrachtet sie die glänzende Schnauze, die winzigen Ohren, die braunen Kulleraugen.

Der Kleine leckt das Blut von ihrer Hand.
„Kommst du mit mir?", fragt sie froh und
krault seinen Hals.
Da ertönt ein furchtbares Brüllen. Auf dem
Hügel erscheint eine riesige Bärin.
Drohend richtet sie sich auf, hebt die
Tatzen, reißt das Maul auf mit den
gewaltigen Zähnen. Sie ist fast drei Meter
groß.

Uma schreit. Sie hat furchtbare Angst. „Bitte tu mir nichts!", fleht sie weinend. „Ich nehme ihn dir nicht weg!"

Plötzlich ruft hinter ihr der Vater: „Uma, lass den Bären los! Komm zurück, ganz langsam!" Er zielt mit dem Gewehr auf die Bärin. Doch er kann nicht schießen. Das Mädchen steht genau zwischen ihm und dem Raubtier.

Das Bärenjunge schüttelt sich und tappt zur Mutter. Uma geht vorsichtig rückwärts, Schritt für Schritt. Die Bärin lässt ihre Pfoten sinken. Brummend beriecht sie ihr Junges. Uma umarmt ihren Vater. Nun weint sie vor Freude.

„Schieß!", rufen die Jäger. „Jetzt kannst du
schießen!"
„Nein", sagt der Vater. „Wir töten sie
nicht!"
Diese Bärin war wirklich der größte Grizzly,
der jemals im Norden Amerikas gesehen
wurde. Monate später fand Umas Vater
ihre Spur und die des Jungen noch einmal.
Er hat sie aber nicht gejagt.

Kunibert kämpft

Ritter Kunibert hat ein Reich. Es besteht aus
einem Dorf, einem Wald und ein paar
Äckern und Wiesen. In der Mitte des kleinen
Reiches steht seine Burg. Die ist nicht
groß und der Turm nicht sehr hoch.
Aber Ritter Kunibert, seine Frau Isabella
und alle Leute im Dorf sind glücklich.
Jeden Morgen gibt er seiner Frau einen
Kuss. Jeden Abend steigt er auf den Turm
und singt laut ein Gutenachtlied.
Dazwischen pflegt er seine Rosen im Garten.
Isabella sitzt dabei auf der Bank und malt

Comicbücher für die Dorfkinder. Sonntags
kommt Liesbeth zum Kaffee. Danach spielen
die drei immer „Mensch ärgere dich nicht".
Liesbeth ist ein kleiner Drache. Vor Jahren
ist sie vor dem bösen Ritter Eisenfranz
geflohen. Bei dem musste sie in brutalen
Turnieren vor Zuschauern kämpfen.
Sie wollte nicht, aber Eisenfranz hat sie
gequält und eine Menge Goldstücke damit
verdient. Deshalb ist sie zu Kunibert
gekommen und lebt nun glücklich in
seinem Wald. Oft spielen die Kinder mit ihr
Verstecken. Dabei verliert sie meistens,
weil sie viel dicker ist als die Bäume.
Aber zu Silvester macht Liesbeth immer das
beste Feuerwerk.
Eines Tages, Kunibert gießt gerade die
Rosen, bringt der Postbote einen Brief vom
König. Der schreibt: „Alle Ritter müssen zu

meinem Turnier kommen! Waffen, Pferde und Frauen unbedingt mitbringen!"

„So ein Mist!", murmelt Kunibert.

„Aber Kuni!", sagt Isabella. „Du sollst nicht fluchen!"

„Ich weiß, Isa", ärgert sich Kunibert.

„Aber soll ich vor Freude Purzelbäume schlagen? In anderen Königreichen gibt es Sängerfeste oder Malwettbewerbe. Unser König jedoch will Turniere! Dabei muss ich immer gegen diesen brutalen Eisenfranz kämpfen!"

Isabella seufzt. „Vor zwei Jahren hattest du Nasenbluten!"

Kunibert nickt. „Und eine dicke Beule am Kopf!"

Isabella seufzt wieder. „Voriges Jahr zwei blaue Augen!"

Kunibert nickt wieder. „Außerdem hat er mich

mit der Lanze in den Hintern gestochen. Ich
konnte drei Monate nicht sitzen!"
Isabella sieht ihn besorgt an. „Was wird in
diesem Jahr? Willst du vorher nicht ein
bisschen mit dem Schwert und der Lanze
üben, damit es nicht so schlimm wird?
Ich kümmere mich um die Rosen."
Kunibert schüttelt energisch den Kopf.
„Dieses Jahr gehe ich nicht hin, basta!
Ich schreibe dem König, dass ich Grippe

oder Durchfall habe, am besten beides!"
„Ach, mein lieber Kuni", entgegnet Isabella
lächelnd. „Du kannst doch nicht lügen!"
„Na und!", sagt Kunibert trotzig.
„Aber mich sinnlos rumprügeln
beim Turnier will ich erst recht nicht!"
Plötzlich kommen die Dorfkinder
angerannt. „Ritter Kunibert", rufen sie
schon von Weitem. „Der Eisenfranz hat
unsere Liesbeth entführt!"
„Jetzt reicht's", schreit Kunibert. „Mein Pferd!"

So wütend und zornig hat ihn noch
niemand erlebt! Er galoppiert davon und
merkt nicht, dass er immer noch seine
Gärtnerschürze anhat und den Strohhut auf
dem Kopf.
„Deine Rüstung, dein Schild,
dein Schwert!", ruft Isabella besorgt.
Aber da ist er schon fast an der Grenze
seines Reiches. Es ist ja nicht groß.
Die Burgwache vom Eisenfranz traut ihren
Augen nicht, als Kunibert mit zornrotem
Gesicht herangaloppiert. Sonst nennen sie
ihn immer heimlich „Ritter Schmusibert".
Jetzt aber springen sie erschrocken zur
Seite. Auch die Wachen vorm Rittersaal
wagen ihn nicht aufzuhalten.
Der starke Eisenfranz sitzt schmatzend am
Tisch, vor ihm stehen ein gebratenes
Spanferkel und ein großer Krug Bier.

„Ich grüße den Ritter der Rosen und Liebeslieder!", sagt Eisenfranz spöttisch. „Diesmal werde ich dich beim Turnier mit dem Schwert bearbeiten, bis du grün und blau bist. Vielleicht haue ich dir auch ein Ohr ab!"

„Wo ist Liesbeth?", fragt Kunibert zornig.

„Da, wo sie hingehört", lacht Eisenfranz. „Unten im Käfig. Morgen ist schon ihr erstes Turnier."

Kunibert wird immer zorniger. „Du tust ihr weh! Lass sie frei!"

„Niemals!", sagt Eisenfranz. „Die Leute bezahlen für sie und ich brauche dringend Goldstücke. Bei dir rennt sie nutzlos im Wald herum oder spielt mit den Kindern. Was hast du davon?"

„Nichts!", schreit Kunibert wütend und verpasst ihm so einen mächtigen Kinnhaken,

dass er vom Stuhl fällt. Aber Eisenfranz steht
wieder auf und greift nach dem Schwert.
Doch Kunibert haut ihm erst aufs linke,
dann aufs rechte Auge und schreit:
„Gib auf! Ich mag keine Prügeleien!"

„Aber ich!", brüllt Eisenfranz und greift
nach seiner Lanze.
Da trifft ihn Kuniberts Faust genau auf
die Nase. „Hör auf!", brüllt Eisenfranz.
„Du kriegst die Hälfte der Goldstücke von
den Drachenkämpfen!"
„Nein!", schreit Kunibert, entwindet ihm
die Lanze und sticht ihn damit in den Hintern.
„Ich will Liesbeth!"
„Jaaa!", brüllt Eisenfranz vor Schmerz.
„Na also!", knurrt Kunibert. „Du wirst sie nie
mehr entführen und quälen?"

Eisenfranz wimmert: „Ich verspreche es!"
„Gut!", sagt Kunibert. „Dann sehen wir uns
beim Turnier des Königs."
Es ist Sonntag. Kunibert gießt seine Rosen.
Isabella hat Kaffee gekocht. „Kuni, gehst
du zum Turnier des Königs?", fragt sie.
„Na klar!", antwortet Kunibert. „Ich hab's
dem Eisenfranz versprochen. Mal sehen,
ob der überhaupt auf seinem Pferd sitzen
kann!"
„Spielen wir wieder ,Mensch ärgere dich
nicht'?", fragt Liesbeth.

Sithas Elefant

Sitha ist sieben Jahre alt und lebt in einem
Dorf am Rand des indischen Dschungels.
Sein bester Freund heißt Quam,
ist vierzehn Jahre alt und ein Elefantenbulle.
Quam ist groß und kräftig, er kann schwere
Baumstämme tragen oder Schiffe aus dem
Wasser an Land ziehen.
Mit seinem gewaltigen Schädel könnte er
ein Haus zerstören, mit den mächtigen
Füßen alles niedertrampeln, was sich ihm
in den Weg stellt. Mit den gefährlichen
Stoßzähnen könnte er Menschen töten.
Aber Quam zerstört oder tötet nicht,
denn Quam ist ein Arbeitselefant. Er und
die anderen Elefanten des Dorfes sind
ausgebildet, um den Menschen zu helfen.
Elefanten können Gefühle zeigen,

ihre Freude, ihren Schmerz. Sie können sogar weinen. Und sie haben ein sehr gutes Gedächtnis.

Quam hat schnell gelernt. Er arbeitet mit Sitha im Dschungel oder an den Wasserdämmen der Reisfelder. Und es macht ihm viel Spaß, mit dem Jungen jeden Morgen und Abend im Fluss zu baden.

Sitha füttert, tränkt und reinigt ihn,
nachts schläft er neben ihm im Stroh.
Eines Tages stehen schwer bewaffnete
Krieger des Königs vor dem Dorf.
„Wir brauchen Kampfelefanten", sagt der
Hauptmann fordernd.
Der Dorfälteste schüttelt den Kopf. „Unsere
Elefanten sind dafür nicht ausgebildet. Sie
helfen bei der Arbeit!"
Aber die Krieger lachen. „Wir erziehen sie
zum Kämpfen und Töten!"
„Bitte!", flehen die Dorfbewohner verzweifelt.
„Nehmt uns die Tiere nicht weg. Wie sollen
wir ohne sie arbeiten?

Wie sollen wir dem König die Abgaben bringen, die er von uns verlangt, das Holz, den Reis? Wir werden verhungern!"

„Das interessiert uns nicht!", schreien die Krieger. „Es ist ein Befehl des Königs!"
Sie fesseln die Tiere aneinander.

„Nein!", sagt Sitha weinend und klammert sich an den Fuß von Quam. „Er ist mein Freund!"

Doch die Krieger stoßen den Jungen zur Seite und fesseln auch Quam. Der schaut Sitha an, und eine Träne rinnt aus seinem Auge. Dann treiben die Krieger die Tiere aus dem Dorf.

„Warum wehren sich die Elefanten nicht?", fragt Sitha schluchzend.

„Sie wissen nicht von ihrer ungeheuren Kraft", sagt der Dorfälteste traurig.

„Deshalb sind sie gutmütig und gehorsam. In wenigen Monaten werden die Krieger furchtbare Kampfbestien aus ihnen machen."

Ein Jahr vergeht. Es ist eine schlimme Zeit für die Menschen im Dorf. Sie können nur ein paar Elefanten aus dem Dschungel holen und ausbilden. So arbeiten sie von Sonnenaufgang bis in die Nacht. Trotzdem herrschen Hunger und Not.

Sitha hat keinen neuen Elefanten, keinen neuen Freund. Nicht zum Arbeiten, nicht zum Baden. Nachts schläft er allein im Stroh, denkt oft an Quam und weint.

Eines Tages kommen die Krieger wieder. Diesmal sitzen sie auf Elefanten. Es sind etwa 30 Tiere. Die Elefanten haben breite Lederstreifen am Kopf, um die Füße und den Bauch. Daran sind Eisenspitzen, die alles aufschlitzen, was in ihre Nähe gerät.

Sitha erschrickt. „Da ist Quam!", flüstert er. „Das sind unsere Elefanten!"

„Herhören!", ruft der Hauptmann. „Ihr habt dem König keine Abgaben gebracht! Wo sind Holz und Reis?"

„Wir haben nichts!", sagt der Dorfälteste. „Ihr habt uns alle Elefanten genommen. Wir konnten kein Holz holen und viele

Dämme der Reisfelder sind gebrochen!
Wir hungern selbst."

„Das interessiert uns nicht!", ruft der
Hauptmann. „Gebt Holz und Reis, oder wir
zerstören euer Dorf! Das ist ein Befehl des
Königs!"

„Nein, Herr!", fleht der Dorfälteste.

„Da könnt ihr uns gleich töten!"

Der Hauptmann hebt sein Schwert.

„Vorwärts!" Die Krieger schlagen die

Elefanten, damit sie laufen.

Die Dorfbewohner fliehen.

„Quam! Quam!", schreit Sitha verzweifelt

und sieht seinem Freund in die Augen.

Plötzlich hebt der Bulle den Rüssel,

stößt einen erschütternden Schrei aus und dreht und schüttelt sich. Der Hauptmann stürzt herunter und verliert sein Schwert. Doch statt es aufzuheben, flieht er vor Quams stampfenden Füßen und den scharfen Eisenspitzen.

„Ruft ihre Namen!", schreit Sitha. Und die Leute rufen.

Da drehen und schütteln sich alle Elefanten. In ihr Brüllen mischen sich die Schreie der Krieger, die von den Füßen oder scharfen Eisenspitzen getroffen werden. Und in höllischer Angst fliehen sie vor den Tieren, mit denen sie selbst töten und zerstören wollten.

Nachdem die Elefanten von den Eisenspitzen befreit und die Waffen der Krieger aufgesammelt sind, beraten die Dorfbewohner.

„Die Krieger werden wiederkommen und sich furchtbar rächen", fürchtet der Älteste besorgt.

„Wir haben jetzt Waffen", erwidert Sitha froh. „Und die Elefanten werden uns verteidigen, Quam wird sie wieder anführen."

Der Dorfälteste schüttelt den Kopf.

„Das nächste Mal werden hundert kommen oder tausend mit hundert oder tausend Kampftieren. Sie werden uns alle töten. Wir haben nur eine einzige Möglichkeit", sagt er und zeigt in den Dschungel.

So beschließen sie, tief in den Dschungel zu gehen, wohin sich die Krieger nie wagen würden. „Dort können wir ein neues Dorf bauen und in Frieden leben", meint der Dorfälteste.

„Ja", sagt Sitha. „Quam und die anderen Elefanten werden uns dabei helfen."

Timos Delfine

Als Timo das erste Mal zusammen mit seinem Vater zum Fischen aufs Meer hinausfährt, ist er fünf Jahre alt. Der Vater wirft die große Angel aus und Timo seine kleine.

Nach kurzer Zeit umkreist ein Delfin das
Boot. Er ist schnell, springt hoch aus dem
Wasser und taucht kopfüber wieder ein.
Der Vater will ihn verjagen. Er fürchtet,
dass der Delfin die Fische vertreibt.
Doch der Junge hat noch nie einen Delfin
so nah gesehen. Er möchte ihn nur einmal
anfassen oder streicheln. Also lässt der
Vater den Delfin zum Boot kommen.

Timo weiß, dass Delfine klug, neugierig und verspielt sind. Er hält seine Hand ins Wasser. Und tatsächlich, der Delfin schwimmt heran und streift Timos Finger. Dann fängt er wieder an, in den Wellen zu springen.

Plötzlich jagt eine schwarze, dreieckige Rückenflosse heran – ein Hai!

Timo erschrickt. „Schwimm weg!", ruft er dem Delfin zu und klatscht in die Hände. Doch der Delfin streckt seine spitze blaue Schnauze aus dem Wasser und guckt den Jungen mit kleinen, runden Augen interessiert an. Dabei macht er melodische Laute, er klingt fast wie ein Vogel.

„Weg, weg!", schreit Timo.

Im selben Moment schnappt der Hai zu. Der Delfin reißt sich los und flieht zum schützenden Boot. Doch der Räuber

verfolgt ihn. Timos Vater schlägt mit dem
Ruder zu, schlägt zweimal daneben.
Der dritte Schlag trifft den Hai am Kopf,
und er schwimmt davon.
Das Wasser am Boot färbt sich rot.
„Armer Delfin! Seine Schwanzflosse ist
verletzt", ruft Timo besorgt.
„Halt ihn fest", sagt der Vater. „Streichle,
beruhige ihn!"
So fahren sie in die Bucht. Dort pflegt der
Vater die Wunde. Dann schwimmt der
Delfin zurück ins Meer.
„Er wird überleben", meint der Vater.

Am nächsten Morgen sind zwölf Delfine in der Bucht. Einer hat eine verletzte Schwanzflosse. Glücklich läuft Timo zu den Tieren ins Wasser.

Seit diesem Tag kommen die Delfine jeden Morgen in die Bucht. Und jeden Morgen schwimmt Timo mit ihnen. Es sind zwölf wundervolle dunkelblaue Tiere. Sie stupsen Timo an und lassen sich streicheln. Oder er hält sich an ihren Rückenflossen fest, und sie ziehen ihn durchs Wasser. Einem fehlt ein Stück der Schwanzflosse.

Es ist einige Jahre später. Timo rudert seit wenigen Wochen mit dem Boot allein aufs Meer hinaus. Auch an einem besonders stürmischen Morgen fährt er zum Fischen. Als aber eine besonders hohe Welle heranrollt, kentert sein Boot. Timo versucht, es aufzurichten, doch es ist zu schwer. Also muss er zum Ufer schwimmen.

Plötzlich ist da eine schwarze, dreieckige Flosse über dem Wasser! Timo schwimmt, so schnell er kann, er schreit. Er schwimmt und schreit um sein Leben. Aber die rettende Bucht ist zu weit! Niemand kann ihn hören oder sehen, niemand ihm helfen. Das ist der sichere Tod!

Plötzlich hört Timo vertraute melodische Laute, er schaut sich um und sieht seine Delfine heranjagen. Sie erreichen ihn vor dem Hai. Schnell schwimmend und

springend, bilden sie einen dichten,
schützenden Kreis um ihn. Einer schwimmt
neben den Jungen. Ihm fehlt ein Stück der
Schwanzflosse. Erschöpft greift Timo nach
der Flosse und lässt sich durchs Wasser
ziehen.
Der Hai verfolgt sie. Doch er greift nicht an.
Es sind zu viele Delfine. Sicher bringen
sie den Jungen in die Bucht.

Vampirgeschichten
ISBN 978-3-401-70077-9

Freundschaftsgeschichten
ISBN 978-3-401-70074-8

Baumhausgeschichten
ISBN 978-3-401-70079-3

Ballettgeschichten
ISBN 978-3-401-70050-2

Jeder Band: Ab 7 Jahren • LeseSafari • Durchgehend farbig illustriert
72 Seiten • Gebunden • Format 15,9 x 21,1 cm

Mit Bücherbär am Lesebändchen

Kurze Geschichten zu einem Thema für fortgeschrittene Leser

Hoher Illustrationsanteil

Fibelschrift

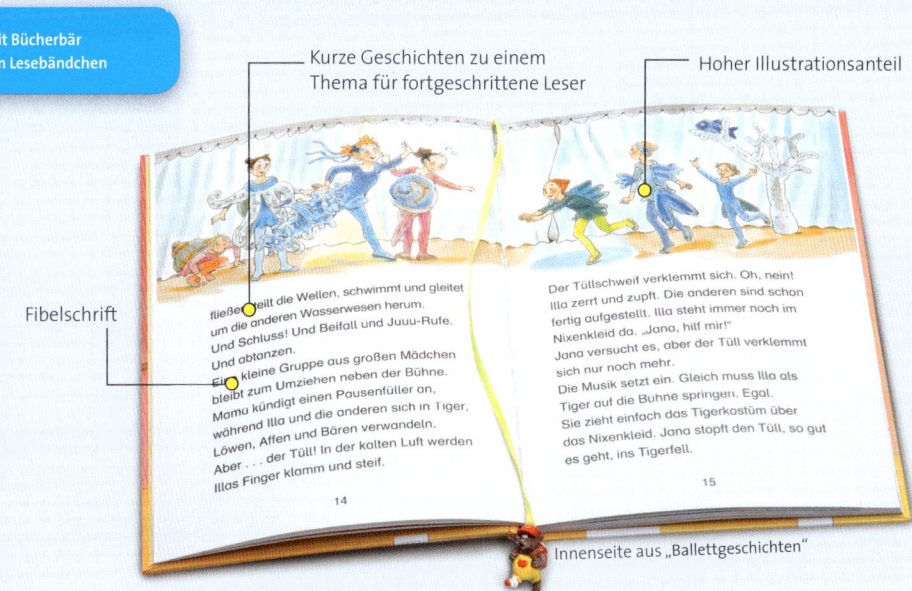

fließend teilt die Wellen, schwimmt und gleitet um die anderen Wasserwesen herum. Und Schluss! Und Beifall und Juuu-Rufe. Und abtanzen.
Eine kleine Gruppe aus großen Mädchen bleibt zum Umziehen neben der Bühne. Mama kündigt einen Pausenfüller an, während Illa und die anderen sich in Tiger, Löwen, Affen und Bären verwandeln. Aber . . . der Tüll! In der kalten Luft werden Illas Finger klamm und steif.

14

Der Tüllschweif verklemmt sich. Oh, nein! Illa zerrt und zupft. Die anderen sind schon fertig aufgestellt. Illa steht immer noch im Nixenkleid da. „Jana, hilf mir!" Jana versucht es, aber der Tüll verklemmt sich nur noch mehr. Die Musik setzt ein. Gleich muss Illa als Tiger auf die Bühne springen. Egal. Sie zieht einfach das Tigerkostüm über das Nixenkleid. Jana stopft den Tüll, so gut es geht, ins Tigerfell.

15

Innenseite aus „Ballettgeschichten"

Geübtere Leser sollten mal auf Safari gehen! In mehreren Geschichten zu einem attraktiven Kinderthema gibt es viel Spannendes und Neues zu entdecken. Alle Geschichten sind von bekannten Autoren.

In Zusammenarbeit mit westermann

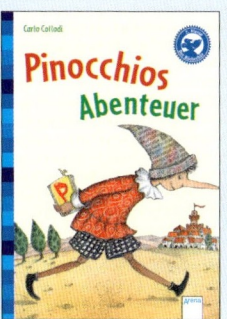

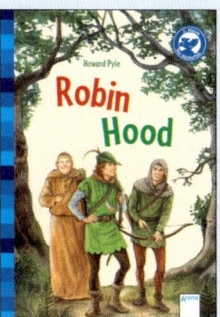

Der kleine Lord
ISBN 978-3-401-09685-8

Pinocchios Abenteuer
ISBN 978-3-401-70051-9

Robin Hood
ISBN 978-3-401-70053-3

Die schönsten Feenmärchen
ISBN 978-3-401-70052-6

Jeder Band: Ab 7/8 Jahren • Klassiker für Erstleser • Durchgehend farbig illustriert
72 Seiten • Gebunden • Format 15,9 x 21,1 cm

Mit Bücherbär am Lesebändchen

Flattersatz ohne Trennungen

Fibelschrift

Textbegleitende Illustrationen

Innenseite aus „Nils Holgersson"

Heidi, Peter Pan und all die anderen – wer kennt sie nicht? Ihre Geschichten haben Generationen von Kindern verschlungen und sie haben bis heute nichts von ihrer Faszination eingebüßt. Nun gibt es sie neu erzählt in einfachen Texten, die richtig Lust machen aufs Selberlesen.

In Zusammenarbeit mit
westermann